KURZ
UND
KLAR

Impressum

marionliliwagner.de
Geschwister-Scholl-Str. 74
14471 Potsdam
Cover: Harry Wagner
ISBN: 978-1535137126

Marion Lili Wagner

HOCHSENSIBEL UND SELBSTÄNDIG

Deine hochsensible Stärke erfolgreich leben

Inhalt

Einleitung

Ich bin in den letzten Jahren immer mehr zu der Erkenntnis gelangt, dass die Frage nach einem glücklichen und zufriedenen Leben, die Frage nach dem Alltag ist.

Nicht die seltenen großen Highlights im Leben sind entscheidend, sondern das Gefühl, mit dem ich jeden Morgen meinem Tag entgegenblicke: Habe ich Lust auf diesen Tag? Fühlt er sich nach mir an? Oder führe ich ein fremdbestimmtes Leben und hetze von Termin zu Termin?

Ich bin nicht der Meinung, dass der Beruf für alle Menschen auch Berufung sein muss. Es kann völlig okay sein, mit einer halbwegs akzeptablen Tätigkeit seinen Lebensunterhalt zu verdienen und dann seine Freizeit stärker zu genießen.

Nur – für Hochsensible geht das kaum. Schätzungsweise 15 Prozent der Menschen gelten als hochsensibel. Das heißt, sie nehmen Reize viel stärker, ungefilterter und differenzierter wahr, und das betrifft alle Lebensbereiche.

Das bedeutet, sie leiden auch schneller und stärker als andere unter unstimmigen Bedingungen. Es ist für sie kaum möglich etwas innerlich unter den Teppich zu kehren. Der Leidensdruck wird unter starren Hierarchien, langen Arbeitszeiten mit wenig Rückzugsmöglichkeiten oder Stimmen und Stimmungen eines Großraumbüros schnell übergroß.

Hinzu kommt, dass bei Hochsensiblen der Wunsch nach Sinnhaftigkeit und Authentizität in ihrem Tun besonders stark ausgeprägt ist.

Deswegen ist die Selbständigkeit ein guter Weg, der es ihnen ermöglicht, einer Arbeit nachzugehen, die ihnen Sinn gibt und Freude macht, und es ihnen ebenso ermöglicht, sie selbstbestimmt und in einer Art und Umgebung auszuüben, die ihnen entspricht.

Ich bin selbst hochsensibel und wusste das zu Beginn meiner Selbständigkeit nicht. Ich bin permanent gegen innere und äußere Widerstände angelaufen, weil ich die Dinge so angehen wollte, wie „man" es eben macht. Als ich erkannte, dass ich hochsensibel bin, war das eine riesige Erleichterung und der Beginn vieler Veränderungen.

Ich nahm mir die Zeit, meine Grenzen neu zu erspüren und darauf zu achten, rechtzeitig Pausen zu machen, wenn ich mich überreizt fühlte. Und plötzlich war es ganz einfach, meinen Akku ständig aufgeladen zu halten und nicht mehr von einem Extrem (absolute Reize) zum anderen Extrem (absoluter Rückzug) zu pendeln.

Richtungsändernd war für mich auch, dass ich das Unbehagen, das ich davor in manchen Situationen gespürt hatte, nun ernster nahm und meine Herangehensweise änderte. Ich besuche beispielsweise nur noch sehr wenige und ausgewählte (Netzwerk-)Veranstaltungen und suche die berufliche Verbindung zu anderen auf eine Art, die mir entspricht (siehe Ehrliches Netzwerken).

Ich widme mich in diesem Buch vielen Themen, die aufkommen, wenn man selbständig arbeitet oder sich gerade selbständig macht, allerdings aus dem Blickwinkel der Hochsensibilität.

Ich gehe in kurzen Sequenzen auf alle Themen ein. Jedes Kapitel ist wie ein Puzzlestück eines großen Puzzles, es ist nicht wichtig, die Reihenfolge beim Lesen einzuhalten.

Dieses Buch ist als eine Art Rat- und Impulsgeber gedacht. Vor allem aber als ein liebevoller und langfristiger Begleiter, in dem du immer wieder nachlesen kannst. Der dich aufs Neue inspiriert und ermuntert, wenn du zweifelst. Und der dich immer wieder an deine besondere Kraft und Stärke erinnert.

Ich wünsche dir viel Freude und Inspiration beim Lesen!

Du bist genau richtig, so wie du bist

Du behandelst deine Zimmerpflanzen sicherlich so, wie jede einzelne behandelt werden muss, um zu wachsen und zu gedeihen. Du würdest nicht die, die viel Licht braucht, in eine dunkle Ecke stellen, oder die, die wenig Wasser braucht, täglich gießen.

Wir Menschen sind auch nur Zimmerpflanzen. Jeder ist anders, jeder braucht andere Umstände, um sich zu entfalten. Und jeder ist – sofern er niemandem schadet – genau richtig, so wie er ist.

Für dich, als HSP ist es besonders schwierig, ein Leben zu führen, das dir nicht entspricht. Jedes Verstellen und jede Unaufrichtigkeit kostet dich viel Kraft. Glücklicherweise, muss man sagen, weil der Leidensdruck im falschen Leben dazu führt, nach dem zu suchen, das dir wirklich entspricht.

Die Natur oder das Universum oder Gott – wie auch immer man es nennen will – hat dich aus gutem Grund genauso erschaffen, wie du bist.

Sei du selbst, zeige dich, so wie du bist: verrückt, empfindsam, liebevoll, anteilnehmend … Drück dein reiches Innenleben aus, sperre es nicht in dir ein. Du wirst dadurch ganzer und heiler werden. Und du wirst genau die Menschen anziehen, die zu dir und deiner Arbeit passen. Das Leben, das zu dir passt, kann dich erst finden, wenn es weiß, wie du bist.

Als ich mit Anfang zwanzig nach einer tiefen Krise jeden Widerstand gegen das Anderssein aufgab und mich so verhielt, wie ich wirklich war und die Dinge tat, die ich wirklich tun wollte, verwandelte sich mein äußeres Leben innerhalb von kurzer Zeit. Es war eine magische Zeit, in der ich meine Verwunderung und Freude über all diese „Fügungen“ kaum beschreiben konnte.

Es war aber nicht nur einfach, Freundschaften gingen zu Bruch und ich musste für mich selbst ganz neu herausfinden, wer ich bin und was ich zukünftig machen will. Aber ich fühlte, dass dieser Prozess mich mir selbst jeden Tag näher brachte.

Und so wird es auch bei dir sein, wenn du dich entscheidest, ganz du selbst zu sein. Das ist der einzige richtige Weg. Du wirst die wundervolle Erfahrung machen, dass es da draußen Menschen gibt, die genauso jemanden wie dich suchen und brauchen. Und jede dieser Erfahrungen wird dich weiter bringen und darin bestärken, den Weg weiter zu gehen.

Deine Berufung finden

Seine Berufung leben, bedeutet für mich, das zu leben, wozu man glaubt, auf der Welt zu sein. Das, was einen ausmacht, was man geben kann und will und zwar „wie von selbst". Nimm dir die Zeit, diese Fragen schriftlich und in Ruhe zu beantworten, und zwar so detailliert wie möglich.

Bei welcher Tätigkeit vergisst du die Zeit?

Was sind deine Talente?

Was interessiert dich?

Auf welche Art drückst du dich am liebsten aus?

Was hast du als Kind am liebsten gemacht?

Stell dir vor, du erbst so viel Geld, dass du nie wieder arbeiten musst. Womit würdest du – nach der ersten Euphorie – deine Tage füllen? Was würde ihnen Sinn geben? Wofür würdest du aufstehen?

Wie stellst du dir deinen perfekten Alltag vor?

Was sagen deine Freunde über dich? Wie würden sie dich beschreiben?

Gibt es eine Seite in dir, bei der du das Gefühl hast, dass sie viel zu wenig wahrgenommen und geschätzt wird? Wenn ja, welche ist das und wie würdest du sie gerne ausdrücken?

Wenn du eines Tages richtig alt bist, was würdest du dann gerne erzählen, wie du dein Leben verbracht hast?

Mit welchen Menschen möchtest du gerne zusammenarbeiten?

Was gibst du gerne?

Wem möchtest du gerne helfen?

Auf welche Art willst du in dieser Welt wirken?

Welche Umstände brauchst du, um in deiner Kraft zu sein?

Wann fühlst du dich richtig lebendig?

Wann fühlst du dich am meisten nach dir selbst?

Löse dich von den engen Schubladen der vorhandenen Berufe. Vielleicht ist eine Verbindung von scheinbar nicht zusammenpassenden Branchen genau das Richtige für dich. Oder du bietest etwas ganz neu und anders als gewohnt an. Oder du erschaffst etwas ganz Neues, was es bisher so noch nicht gab. Alles ist möglich, deiner Phantasie sind keine Grenzen gesetzt.

Scanner-Persönlichkeit

Ein besonderer Fall sind die sogenannten Scanner-Persönlichkeiten. Ihre Stärke ist nicht die Spezialisierung, sondern die Vielfalt. Sie sind brennend neugierig und lieben es, ständig etwas Neues zu beginnen und dazuzulernen. Sie verzetteln sich leicht in vielen Projekten, weil es ihnen bei der Vielzahl ihrer Interessen kaum möglich ist, sich nur auf eine Sache zu konzentrieren.

Wenn du dich in dieser Beschreibung wiedererkennst, dann ist auch hier Akzeptanz der erste und entscheidende Schritt. Du hast wahrscheinlich schon viel gesucht und ausprobiert in deinem Leben und öfter gedacht, endlich gefunden zu haben, was dich langfristig begeistert, und dann nach einer Weile frustriert festgestellt, dass dein Interesse daran doch wieder erloschen ist. Hinzu kommt, dass du von anderen als sprunghaft wahrgenommen wirst, weil unsere Arbeitswelt auf Spezialisierung ausgerichtet ist.

Nimm deine Vielfältigkeit als eine ganz besondere Gabe und Stärke an und forme daraus etwas ganz Neues, das dir voll und ganz entspricht.

Was ist der kleinste gemeinsame Nenner all deiner Interessen? Mit welchen drei Worten würdest du sie zusammenfassen?

Unter welchem Dach könntest du deine vielfältigen Interessen unterbringen?

Dieses Dach zu finden, ist der wichtigste Punkt. Das Dach, unter dem du immer wieder neue Projekte machen kannst und dich nicht eingezäunt fühlst. So, dass du das Gefühl hast, dich nicht zu verstreuen, sondern auf deine ganz eigene Art Stein auf Stein zu stellen.

Sicherheit versus Freiheit

Ich habe öfter mal im Laufe meiner Selbständigkeit gedacht, dass so ein festes monatliches Einkommen, mit dem man immer rechnen kann, schon super wäre. Oder bezahlter Urlaub. Oder bezahlte Krankentage. Ich glaube, dass diese Gedanken normal sind, vor allem, wenn es mal nicht so gut läuft.

Wenn du dich entscheidest, selbständig zu arbeiten, gibst du natürlich eine gewisse Sicherheit auf. (Wobei ich es ehrlicherweise für eine trügerische Sicherheit halte, denn man kann einen festen Job auch jederzeit verlieren.) Aber ich denke, dass du dieses Buch nicht grundlos liest und zumindest mit dem Gedanken spielst, dich selbständig zu machen.

Du gewinnst die Freiheit, selbstbestimmt zu arbeiten. Du kannst entscheiden, was du machst, wie du es machst und wann du es machst. Und du hast die Freiheit, das, was du tagtäglich tust, so zu gestalten, dass es für dich einen tieferen Sinn hat, ein Aspekt, der für Hochsensible geradezu existenziell ist.

Einer der wichtigsten Punkte ist für mich, die Chance zu haben, ständig weiterzuwachsen. Ich kann selbst entscheiden, in welche Richtung ich mich entwickeln will, in welchem Tempo und von welchen Menschen ich dabei begleitet werden möchte. Dass mir jemand anderes Aufgaben zuteilt und entscheidet, wann und ob überhaupt ich den nächsten Entwicklungsschritt machen darf, ist für mich ein unerträglicher Gedanke.

Seit ich selbständig arbeite, verändere ich mich stetig weiter. Es gibt immer etwas Neues zu begreifen und zu entwickeln und ich wachse natürlich innerlich mit. Das ist für mich das Schönste am selbständig sein.

Wenn dein Sicherheitswunsch sehr ausgeprägt ist, kannst du dir auch übergangsweise einen Teilzeitjob suchen, der deine Grundkosten abdeckt und dich in der verbleibenden Zeit dem Aufbau deiner selbständigen Arbeit widmen.

Langfristig betrachtet, wenn dein Business sich etabliert hat und du gut davon leben kannst, gewinnst du sogar Sicherheit, weil du dein Berufsleben fest in deiner Hand hältst. Keiner kann dir kündigen und du bist nicht darauf angewiesen, dass dein Chef seine Firma so führt, dass dein Arbeitsplatz langfristig erhalten bleibt.

Arbeitsplatz

Im Bezug auf den Arbeitsplatz sind auch unter Hochsensiblen die Bedürfnisse natürlich unterschiedlich, manche wollen lieber alleine sein, andere wiederum suchen den täglichen Austausch mit anderen. Gemeinsam haben sie aber alle, dass sie die Möglichkeit brauchen, sich zwischendurch auch mal zurückzuziehen, um sich gegen Überreizungen zu schützen und innerlich zur Ruhe zu kommen.

Wenn du vor allem am Computer arbeitest, dann probiere einfach mal aus, was für dich passend ist und dich dabei unterstützt, sowohl konzentriert zu arbeiten, als auch im Austausch mit anderen zu sein: Homeoffice, Coworkingspace, ein eigenes Büro, ein Büro mit einer vertrauten Person zusammen ... Da gibt es viele Möglichkeiten.

Ich habe mich nach vielem Rumprobieren fürs Homeoffice entschieden, weil mir die Ruhe und Ungestörtheit und auch die zeitliche Flexibilität wichtig sind. Oftmals setze ich mich aber auch in ein Wlan-Cafe oder in eine Bibliothek.

Wo auch immer dein Arbeitsplatz ist – richte ihn liebevoll und persönlich ein. Mach ihn zu einem Ort, an dem du dich wie ein Fisch im Wasser fühlst. Suche Möbel aus, mit denen du dich richtig wohl fühlst, die für dich eine gewisse Wärme haben und nicht zu sachlich und kühl aussehen.

Die Blickrichtung, die man beim Arbeiten an einem Schreibtisch hat, finde ich sehr wichtig. Wenn man auf eine Wand blickt, kann das Ruhe und Halt geben, es bremst aber auch den Schwung etwas aus. In dem Fall wäre es gut, auf ein inspirierendes und lebendiges Bild zu blicken oder auf eine Sammlung von schönen Postkarten. Wenn man den Schreibtisch ans Fenster stellt, hat man auf jeden Fall viel Licht und es fühlt sich auch offener an. Am stärksten steht ein Schreibtisch, wenn man hinter sich eine Wand oder ein schützendes Regal hat und in den offenen Raum blickt. Eine größere Pflanze davor kann helfen, dass sich die Energie nicht im Raum verstreut, sondern bei dir bleibt.

Die linke hintere Ecke des Schreibtisches, von dir aus betrachtet, gilt im Feng Shui übrigens als die Geldecke. Stell da etwas besonders Schönes und Wertvolles hin, vielleicht auch einen Geldbaum.

Die besten Ideen habe ich selbst übrigens immer, wenn ich nicht an meinem Arbeitsplatz sitze. Gerade wenn man neue Ideen sucht, ist es hilfreich, den Blickwinkel im wahrsten Sinne des Wortes zu wechseln. Und auch die Fokussierung auf etwas loszulassen, die zwangsläufig da ist, wenn man auf einen Bildschirm blickt. Ich setze mich gerne mit Stift und Block in ein Café und erarbeite dort irgendwelche Konzepte. Oder spaziere durch die Natur oder durch die Stadt und denke dabei in Ruhe nach.

Arbeit, die Energie gibt

Ich vermute, wir haben es alle von klein auf so erfahren und gelernt, dass man sich oftmals eben „zusammenreißen“ muss. Das Leben ist kein Wunschkonzert … ständige Widerstände sind irgendwie normal … Willenskraft … blablabla …

Was, wenn wir uns nun aber erlauben, dass das Leben und unsere Arbeit leicht sind? Wenn uns unsere Arbeit eher Energie gibt als nimmt? Denn genau das tritt ein, wenn unsere Tätigkeit im Einklang mit uns ist.

Ich glaube nicht, dass wir auf der Welt sind, um uns durchs Leben zu quälen und ständig Widerstände zu überwinden. Ich glaube, dass wir hier sind, um uns zu entfalten und unsere Talente und Gaben zu manifestieren. Und wenn wir das tun, dann fühlen wir uns nach uns und sind im Flow.

Schreib dir mal auf, welchen Teil deiner Arbeit du besonders liebst? Wie könntest du diesen Teil noch erhöhen und stärken? Und welcher Teil fällt dir eher schwer? Was davon kannst du zurückfahren, ganz streichen oder an andere abgeben?

Als eine Freundin von mir sich selbständig machte, sagte sie nach einigen Monaten zu mir, dass sie sich manchmal genauso fühle, wie in ihrer Arbeit als Angestellte davor. Immer wieder hatte sie das Gefühl, sich zu etwas überwinden zu müssen und sich disziplinieren zu müssen, obwohl sie sicher war, genau die Arbeit gewählt zu haben, die zu ihr passt. Vor allem der alltägliche Kleinkram machte ihr zu schaffen.

Sie hatte natürlich auch schon daran gedacht, unliebsame Aufgaben abzugeben, aber der Gedanke, dass sie ja noch am Anfang stand und die Einnahmen gering waren, hatte sie ausgebremst.

Sie hat sich dann doch dazu durchgerungen, zumindest einen Teil dieser Aufgaben an eine andere Selbständige aus unserem Bekanntenkreis abzugeben und das hat eine enorme Veränderung gebracht. Sie hatte davor viel Energie verloren, weil dieses sich zwingen so kräftezehrend war. Und nun stand ihr diese Energie wieder zur Verfügung. Ihre Umsätze und Einnahmen sind schneller gewachsen und mittlerweile hat sie alles, was ihr nicht viel Freude macht, ausgelagert. Umso mehr Zeit und Schwung hat sie für alle anderen Aufgaben.

Setze auf deine Stärken, anstatt deine Schwächen auszugleichen

Stellen wir uns mal eine hochsensible Person A vor. A hadert mit ihrer Empfindsamkeit und der schnellen Überreiztheit. Dadurch bleibt A immer etwas hinter der Konkurrenz zurück, braucht mehr Pausen und kann Netzwerkveranstaltungen nie wirklich gut für sich nutzen.

A bucht ein Coaching und arbeitet monatelang an ihren „Schwächen" und es gelingt ihr, (fast) wie alle anderen zu werden. Das kostet Person A allerdings innerlich viel Kraft und sie spürt, dass sie nicht in ihrer Mitte ist.

Hinzu kommt, dass A nun erst recht darum kämpfen muss, überhaupt wahrgenommen zu werden, denn sie hat es mit viel Anstrengung geschafft, eine von vielen zu sein.

Eine andere hochsensible Person, nennen wir sie originellerweise B, akzeptiert ihre vermeintlichen Schwächen und geht liebevoll mit ihnen um. Sie gönnt sich die Pausen, die sie braucht und besucht nur sehr bewusst ausgewählte Veranstaltungen.

Person B konzentriert sich auf ihre hochsensiblen Stärken:

Sie nutzt ihre **Kreativität**, um Dinge neu und anders zu machen und dadurch stärker wahrgenommen zu werden.

Sie integriert ihr **Bedürfnis nach Idealismus und Sinnhaftigkeit** in ihre Arbeit und verleiht ihrem Business dadurch eine besondere und glaubwürdige Tiefe.

Mit ihrem **Ideenreichtum** überrascht sie sich selbst und alle anderen immer wieder und es macht Freude, mit ihr zu arbeiten.

Ihr **Einfühlungsvermögen** und **ganzheitliches Erfassen der Dinge** gibt Kunden und Geschäftspartnern das Gefühl, in ihrem Anliegen verstanden und geschätzt zu werden.

Sie vertraut ihrer **ausgeprägten Intuition** und lässt sich von ihr in kleinen und großen Entscheidungen führen.

Sie hat ein **hohes Differenzierungsvermögen** und kümmert sich auch um Details **liebevoll**, was ihr Unternehmen auch nach außen ausstrahlt.

Sie arbeitet **gewissenhaft** und erwirbt sich dadurch das Vertrauen ihrer Kunden und Geschäftspartner.

Sei Person B.

Die eigenen Grenzen erkennen und annehmen

Bei meiner ersten Buchmesse (damals mit meinem Verlag) wusste ich noch nicht, dass ich hochsensibel bin. Ich war schon völlig überreizt, bevor es überhaupt losging. Gespräche im Zug auf dem Weg dorthin, die Schlepperei der Bücher, wieder viele Gespräche während des Herrichtens meines Standes mit anderen Verlegern und abends die Eröffnungsfeier und weitere Gespräche und neue Kontakte. Als ich abends schlafen ging, fühlte ich mich, als ob ich zwei Tage im Bett bleiben will.

Die Buchmesse wurde dennoch schön, aber ich schleppte mich mit dem Gefühl, meine letzten Kraftreserven anzuzapfen, durch die Tage. Ich befand mich permanent außerhalb meiner Grenzen und haderte mit mir selbst, weil es mir nicht gelang „stärker“ zu sein. Danach war ich eine Woche krank.

Im Jahr darauf hatte ich (durch einen Artikel angestoßen) erkannt, dass ich hochsensibel bin und mich damit bereits ausführlich auseinandergesetzt.

Diese Messe plante ich ganz anders. Ich nahm mir vorher zwei Tage frei, um ganz entspannt und ausgeruht zu starten. Ich hatte es so organisiert, dass ich jeweils nur einen halben Tag selbst am Messestand stehen musste, zwischendurch fuhr ich ins Hotel, aß dort in Ruhe und las ein wenig. Abends waren meine Batterien nicht leer, sondern ich hatte richtig Lust, immer noch etwas zu unternehmen und Veranstaltungen zu besuchen.

Diese Messe habe ich ganz anders genießen können, als die im Jahr davor, weil ich ständig *innerhalb* meiner Grenzen geblieben bin. Auf der Rückfahrt saß ich ganz entspannt im Zug und konnte gleich am nächsten Tag meinen Alltag wie immer aufnehmen.

Meine Grenzen dort zu lassen, wo sie sind, sie nicht mehr auf Teufel komm raus verschieben zu wollen, war für mich der erste und wichtigste Schritt zu einem ganz neuen Lebensgefühl.

Spüre immer wieder in dich hinein, wo deine Grenzen sind. Sie sind flexibel und nicht jeden Tag gleich. Nimm sie liebevoll an, sie sind deine Freunde, die es hundertprozentig gut mit dir meinen. Wenn du das so sehen kannst, dann wird es dir auch leichter fallen, diese Grenzen nach außen zu kommunizieren und zu schützen.

Grenzen schützen

Die eigenen Grenzen zu kennen und immer wieder neu zu erspüren ist der erste Schritt. Sie zu schützen und zu wahren, der zweite.

Nein zu sagen, fällt vielen schwer, Hochsensiblen besonders. Das liegt unter anderem daran, dass sie sich besonders gut in andere Menschen hineinversetzen können.

Kommt nun jemand mit einem Wunsch auf sie zu, der ihrem eigenen Wollen – aus welchen Gründen auch immer – widerspricht, dann spürt ein hochsensibler Mensch nicht nur seine eigene Position, sondern auch die des anderen sehr stark. Das macht diese Abgrenzung, den Weg zum Nein, besonders schwer.

Als meine Tochter drei oder vier Jahre alt war, fiel mir auf, mit welch großer Freude sie Nein sagte. Sie sagte es nicht nur, sie rief es, sie sang es und sie wiederholte es weit mehr als nötig. Dieses Nein bedeutete für sie „Ich“, es war ihre erste Abgrenzung und das machte sie sehr stolz.

Es ist dein natürliches und selbstverständlichstes Recht, dich von dem Wollen der anderen abzugrenzen, wenn es deinen eigenen Interessen und Wünschen widerspricht. Auch wenn jemand versucht, dir Schuldgefühle zu machen oder zu vermitteln, dass es „normal“ wäre, Ja zu sagen – Grenzen sind immer subjektiv, unabhängig davon, ob das andere nachvollziehen können oder nicht.

Erkläre deine Entscheidung ruhig und freundlich, aber lass dich nicht auf Rechtfertigungsdebatten ein. Auch wenn du dich vielleicht kurzzeitig mit einem Nein unbeliebt machst, langfristig gewinnst du dadurch. Und vor allem wirst du deine Grenzen nicht jedes Mal aufs Neue verteidigen müssen.

Effektivität statt Zeit absitzen

Wenn man selbständig arbeitet, muss man natürlich keinen Chef mehr durch bloße Anwesenheit oder Zeit vorm Computer zufriedenstellen. Allerdings ist dieses Gedankenmuster, dass (viel) Geld nur mit viel Arbeitszeit verdient werden kann, sehr stark in den Köpfen drin.

Hier kommen besonders deine Stärken als HSP ins Spiel: Du begreifst schnell und erfasst die Dinge in ihrer Ganzheit. Nutze diese Gabe, um effektiv zu sein.

Dass Vollzeit arbeiten eine 40-Stunden-Woche bedeuten soll, rührt aus dem Angestelltensein. Ohne Angestellten zu nahe treten zu wollen, wage ich dennoch zu behaupten, dass da viele Arbeitsprozesse nicht auf Effektivität getrimmt sind, weil man sein Geld eben für die anwesende Zeit bekommt. Und würde man seinem Chef erklären, dass man die Arbeit auch in 35 oder sogar 30 Stunden schafft, würde er sich bedanken und noch mehr Arbeit drauflegen.

Es gibt sicherlich Phasen, in denen man als Selbständiger besonders viel zu tun hat, aber mach dich frei von dem Gedankenmuster, dass man erst richtig arbeitet, wenn eine gewisse Stundenzahl erreicht ist. Nutze deine HPS-Stärken, um mögliche Abkürzungen auszumachen und sie für dich zu nutzen.

Deine Kunden wollen nicht deine Zeit für ihr Geld, sie wollen deinen Nutzen!

Leise sein in einer lauten Welt

Zunächst einmal werden die lautesten und offensivsten Menschen wahrgenommen, das ist immer so. In einer Schulklasse, in der Arbeitswelt, in den sozialen Netzwerken … Abgesehen davon, dass das Lautsein den meisten Hochsensiblen (ich vermute sogar allen) widerstrebt, macht es wenig Sinn, auf einem Feld zu konkurrieren, das einfach nicht unseres ist.

Es gibt aber viele von uns da draußen, vermutlich sind die Leisen sogar in der Mehrzahl, das nimmt man nur nicht so wahr, weil leise sein leider in vielen Fällen auch unsichtbar sein bedeutet.

Glücklicherweise gibt es heutzutage viele Möglichkeiten sich auszudrücken und somit auch sichtbarer zu werden. Einen Blog schreiben oder sich grafisch ausdrücken oder durch Fotos oder Videos oder Musik. Und auch wenn all dies im stillen Kämmerlein geschieht, kann jeder etwas veröffentlichen und sich somit zeigen.

Geduld und Kontinuität sind wichtig, es dauert immer etwas, bis andere auf einen aufmerksam werden. Aber vertraue auf deine Anziehungskraft, die aus deiner Mischung aus Professionalität und Authentizität entsteht. Du weißt, wer du bist und was du zu geben hast und du strahlst das auf unaufdringliche Art in deinem Tun auch aus.

Damit wirst du langfristig genau die Menschen anziehen, die zu dir und deinem Business passen. Gerade als Hochsensibler weißt du, dass ein großer Teil unserer Kommunikation nicht sichtbar stattfindet.

Ehrliches Netzwerken

Netzwerken. Kein einfaches Thema für hochsensible Menschen, die in allen zwischenmenschlichen Bereichen Echtheit und Aufrichtigkeit suchen. Zu jemandem Kontakt aufzunehmen, „nur“ weil man etwas von ihm oder ihr will, fühlt sich falsch und unaufrichtig an.

Probiere doch mal deinen Blickwinkel darauf um 180 Grad zu drehen. Überleg dir, wer sich freuen würde, von dir und deinem Angebot zu erfahren. Und wer würde sich darüber freuen, dich zu unterstützen, weil ihm dein Anliegen ebenso am Herzen liegt? Mit wem könnte sich vielleicht eine schöne und konstruktive Zusammenarbeit ergeben, weil ihr euch super ergänzen würdet?

Du hast viel zu geben. Du bist kein Bittsteller, der etwas haben will, ohne selbst zu geben. Im Gegenteil. Du suchst Austausch und Kooperation auf Augenhöhe.

Schreib dir mindestens fünf Personen auf, die du gerne beruflich kontaktieren würdest. Und führe dann für dich auf, wie diese Zusammenarbeit aussehen könnte. Was wünschst du dir? Was bringst du ein?

Du wirst sehen, dass sich dieser abstrakte Begriff „Netzwerken“ dadurch mit Leben füllen und dich ein paar wichtige Schritte weiterbringen wird.

Zu Netzwerkveranstaltungen bin ich schon öfter alleine hingegangen. Meine Erfahrung ist, dass ich alleine offener und flexibler bin und sich spontan sehr schöne Gespräche ergeben können. Mir ging es allerdings oft so, dass ich dann den ganzen Abend in ein einziges Gespräch vertieft war, weil das so interessant war, also wirklich „netzgewerkt“ habe ich nicht.

Wenn man eher introvertiert ist, ist es einfacher, wenn man zusammen mit Freunden oder Bekannten hingeht. Die kennen dann wiederum andere, die einem vorgestellt werden können.

Meine Erfahrung ist, dass man bei solchen Veranstaltungen eher absichtslos sein sollte und langfristig denken sollte. Selten trifft man gleich die perfekt passenden Menschen zu dem, was man vielleicht sucht. Aber wenn man sich langfristig einen guten und branchennahen Bekanntenkreis aufbaut, werden sich daraus sicherlich auch zu gegebener Zeit schöne Kooperationen ergeben.

Als HSP würde ich dir empfehlen, nur zu Veranstaltungen zu gehen, dich sich für dich stimmig anfühlen, sowohl von den Räumlichkeiten, als auch von der Größe der Veranstaltung und natürlich dem Thema her. Behalte auch da immer im Hinterkopf, dass du viel kannst und viel zu geben hast. Fühle dich nicht wie ein Suchender, sondern bleibe gelassen bei dir selbst. Und lass dich einfach absichtslos auf die Gespräche ein, die sich ergeben.

Erkenne deine Arbeit selbst an

Es ist ganz wichtig zu verinnerlichen, dass uns im Außen nur etwas begegnen kann, das auch in unserem Inneren existiert. Nur wenn du dich selbst liebst und wertschätzt, wirst du auch die Menschen in dein Leben ziehen, die dir ebenso Liebe und Wertschätzung entgegenbringen, weil ihr Verhalten dein Inneres spiegelt.

Und ebenso musst du selbst deine Arbeit wertschätzen und anerkennen. Nicht nur, damit dir diese Anerkennung auch im Außen begegnen kann, sondern auch, damit du deine tägliche Leistung selbst wirklich honorierst und kleine Etappenziele genießt.

Setze dir auch immer nur ein realistisches Tages- und Wochenpensum. Nimm als Maßstab das, was du wirklich schaffen kannst und nicht, was alles erledigt werden muss. Ansonsten wirst du nur mit dem Gefühl von Unruhe und Unzulänglichkeit durch deine Arbeit hetzen.

Lobe dich selbst, wenn du etwas gut gemacht hast, und tue das oft, viel öfter als du dich selbst kritisierst. Natürlich ist auch konstruktive Kritik manchmal notwendig, um etwas zu erkennen und zu korrigieren. Aber das Verhältnis von Selbstlob zu Selbstkritik sollte in etwas 90 zu 10 sein.

Du bist ein wundervoller vielschichtiger Mensch mit Stärken und Schwächen, der den Mut hat, sich beruflich zu verwirklichen und auszudrücken. Jeder deiner Schritte, den du gehst, bringt dich voran und verdient deine Wertschätzung und Anerkennung.

Deine spirituelle Seite

Alle Hochsensiblen, mit denen ich mich bislang ausgetauscht habe, haben eine ausgeprägte spirituelle Seite, weil sie in ihrer Wahrnehmung sensibler und empfänglicher für das „Ganze" sind. Sie spüren, dass es da mehr gibt und tiefere Zusammenhänge, als wir es mit unseren paar Sinnen und unseren bisherigen wissenschaftlichen Messinstrumenten wahrnehmen können.

Ich habe diese Seite in mir lange weggeschoben, weil ich fürchtete, nicht ernst genommen zu werden. Aber sie war immer da, leise im Hintergrund, bis ich endlich erkannt habe, dass ich viel glücklicher und „ganzer" bin, wenn ich sie in mein Leben integriere. Ich vertraue ihr, sie ist oftmals wie ein innerer Führer, jenseits von vermeintlicher Logik und Berechenbarkeit.

Ich fühle die Ganzheit und Verbundenheit von allem und spüre dadurch oftmals eine tiefe innere Freude, die unabhängig von äußeren Umständen ist. Dadurch erscheint mir auch nichts unlösbar oder übermächtig, wie es uns der Verstand manchmal vorgaukelt.

Wenn ich beispielsweise für etwas keine Lösung finde oder mich nicht entscheiden kann, dann gebe ich das ab ans „Universum", womit ich alles Unbewusste, auch in mir selbst, meine und bitte um Klarheit. Meist dauert es keine 24 Stunden, bis sich ein neuer Aspekt oder Blickwinkel auftut, der mir weiterhilft.

Ich möchte dich ermuntern, diese Seite in dir anzunehmen und zu stärken. Sie ist auch in beruflichen Belangen oft ein wertvoller Wegweiser.

Dinge neu denken

Manchmal habe ich das Gefühl, dass alles in der Welt schon einmal gedacht, gemacht oder gesagt wurde. Als ob es nichts wirklich Neues mehr geben kann.

Wenn ich mir dann aber allein die letzten 100 Jahre anschaue, welche tiefgreifenden gesellschaftlichen und wissenschaftlichen Veränderungen stattgefunden haben, welche Dinge erfunden wurden, die davor schlicht undenkbar waren, dann wird mir bewusst, dass längst noch nicht alles gedacht ist.

In 100 Jahren werden die Menschen auf weitere Veränderungen und Erfindungen zurückblicken, die wir uns jetzt noch gar nicht vorstellen können. Da geht also noch ´ne Menge.

Selbst wenn du in einem Bereich arbeitest, in dem viele arbeiten und die Abläufe sich sehr ähneln – übernimm das nicht einfach ungefragt. Trau dich, die Dinge neu zu denken und neu zu machen. Geh neue Wege.

Als Hochsensibler erkennst du Pfade, die anderen verborgen bleiben, weil sie nur die großen breiten Wege im Blick haben. Oder du siehst Querverbindungen, die etwas ganz Neues entstehen lassen, so wie wenn man zwei Farben mischt und eine dritte entsteht.

Diese kleinen Nebenpfade sind auch eine Chance, dich zu spezialisieren. Und dir dein Business zu schaffen, das nicht von der Stange, sondern maßgeschneidert für dich ist.

Ruhe ist nicht Stillstand

Wir leben in einer Zeit, in der ständiger Aktionismus als der Normalfall betrachtet wird. Wer keinen Stress hat, kann nur ein langweiliges Leben haben. Sogar Wochenenden und Urlaube werden mit Aktionen vollgestopft.

Mir ist das mittlerweile schlicht egal, ob die Mehrheit der Menschen so lebt. Ich will so nicht leben. Es macht mich zum Beispiel richtig glücklich, mehrere komplett unverplante Tage vor mir zu haben. Viel für mich sein zu können. Ganz spontan eine Freundin zu treffen oder einen ganzen Tag in der Natur zu verbringen. Ich denke, dass mein Leben von außen ziemlich ereignisarm aussieht und das ist es eigentlich auch.

Gönn dir die Ruhe und den Rückzug, den du brauchst. Ganz wichtig: Ohne schlechtes Gewissen. Schreib dir deine Pausen genauso in den Kalender, wie deine Aktivitäten.

Ruhe ist kein Stillstand. Du schöpfst dabei Kraft und bewusst und unbewusst arbeitet alles in dir weiter. Sich ausruhen, nachdenken und dann erst wieder handeln, bringt viel mehr als wilder Aktionismus.

Finde für dich heraus, was dich entspannt und was dich immer wieder zurück zu dir selbst finden lässt. Ob das Zeit in der Natur ist oder ruhige Gespräche mit vertrauten Menschen oder Sport oder Fernsehen oder auf dem Sofa liegen … Was auch immer, nimm dir dafür viel Zeit.

Und wenn du dann wieder aktiv wirst, dann wirst du das mit neu gewonnener Kraft und einer Ganzheit tun, die ohne diese Rückzüge nicht möglich gewesen wären.

Authentisches Marketing

Marketing ist für viele Selbständige eine unliebsame Aufgabe, die sie nur halbherzig in Angriff nehmen, weil sie sich wie ein Marktschreier fühlen, wenn sie auf ihr Angebot aufmerksam machen. Bei einer HSP ist dieses Unbehagen noch stärker ausgeprägt.

Ich stelle bei mir selbst fest, dass Marketing mir umso leichter fällt, je mehr ich selbst an den Nutzen meines Angebotes glaube. Je mehr ich denke, dass es ein Gewinn für jemanden sein wird, beispielsweise einen Blogartikel von mir zu lesen, umso leichter ist es für mich, an verschiedenen Stellen darauf hinzuweisen und darauf aufmerksam zu machen.

Stell dir ein paar ehrliche Fragen: Glaubst selbst an den Nutzen deines Angebotes? Bist du überzeugt, dass es Menschen gibt, die davon unbedingt erfahren sollten? Für die es ein Verlust wäre, wenn sie dein Angebot nicht in Anspruch nehmen könnten?

Wenn du diese Fragen noch nicht mit einem lauten Ja beantworten kannst, dann nimm dir die Zeit, den Nutzen, den jemand von deinem Angebot hätte, ausführlich und absolut ehrlich für dich selbst zu formulieren. Es ist wichtig, innerlich damit im Einklang zu sein, also das, was du nach außen vertrittst, auch selbst absolut zu glauben.

Marketing bedeutet nicht, zu übertreiben oder etwas übermäßig positiv darzustellen. Es bedeutet, die Aussage, die für dich und dein Angebot absolut stimmig ist, zu formulieren und anderen die Chance zu geben, davon zu erfahren und zu profitieren.

Wenn du das Gefühl hast, dass du den Menschen von etwas Wundervollem erzählst, das sie in irgendeiner Art und Weise unterstützt oder weiterbringt, dann wird der innere Widerstand gegen Marketing-Arbeit gewaltig schrumpfen. Dann wird es dir wahrscheinlich sogar richtig Freude machen, andere auf deine Arbeit aufmerksam zu machen.

Von großen und kleinen Schritten

Ich denke, dass Energieschwankungen bei allen Menschen normal sind. Manchmal könnte man Bäume ausreißen und manchmal schleppt man sich durch den Tag, den erlösenden Feierabend im Blick.

Meine Erfahrung ist, dass es wenig Sinn macht, sich an energieärmeren Tagen zu etwas zu zwingen. Das gelingt meist eh nicht und am Ende des Tages hat man weder etwas geschafft, noch sich ausgeruht.

Wenn du also schon morgens merkst, an diesem Tag geht nicht viel, dann mach nur kleine Schritte. Mach das, was sich nicht aufschieben lässt, oder arbeite einfach nur zwei bis drei Stunden am Vormittag und gönn dir danach einen freien Tag.

Es werden dann umso schneller wieder die Tage kommen, an denen große Schritte möglich sind.

Professionalität

Professionell aufzutreten bedeutet nicht, sich verstellen zu müssen. Professionell zu sein, bedeutet, schlicht zu können, was man tut. Gerade hochsensible Menschen brauchen eine authentische und unaufgesetzte Kommunikation mit potentiellen Kunden oder Auftraggebern.

Streich die Bilder aus deinem Kopf, die dir vorgeben, wie du dich zu geben hast, um professionell zu wirken. Selbst wenn du in einer Branche mit sehr starren Codes arbeitest – dann bist du eben derjenige, der es anders macht. Deine Professionalität ist dein Können und das ist es, was letztlich zählt und Vertrauen schafft.

Sei einfach du selbst, zurückhaltend, fröhlich, liebevoll, nachdenklich ... Sei einfach authentisch in deinem Auftreten, sowohl online als auch in der persönlichen Begegnung.

Dadurch wird sich auch wie von selbst immer wieder eine persönliche Ebene mit den Menschen, mit denen du arbeitest, finden.

Leistungsfähigkeit

Hochsensible Menschen sind es gewohnt, sich mit normal sensiblen zu vergleichen und wahrzunehmen, dass sie weniger belastbar sind als andere. Viele haben einen langen Leidensweg mit vielen Selbstzweifeln und Selbstvorwürfen hinter sind, bevor sie dahinterkommen, dass sie hochsensibel sind. Also nicht schwächer oder empfindlicher als andere, sondern einfach nur viel mehr wahrnehmen, auf allen Ebenen.

Dennoch zweifeln viele an sich, weil sie im Berufsleben nicht so belastbar wie andere sind und das lässt auch manch einen davor zurückschrecken, sich selbständig zu machen. Weil das, vor allem anfangs, noch mehr Arbeit bedeuten würde.

Ich denke, hier ist es ganz wichtig zu unterscheiden, um welche Tätigkeit es sich handelt. In einer Tätigkeit, in der man sich von sich selbst entfremdet fühlt, die wenig mit der eigenen Leidenschaft zu tun hat, wird sich ein normal sensibler Mensch wesentlich einfacher durchbeißen können als ein hochsensibler. Der Hochsensible wird in so einer Situation enorm viel Kraft verlieren, um auf ein vergleichbares Ergebnis zu kommen. Denn er kämpft nicht nur mit der Arbeit, sondern dabei auch gegen sich.

Umso wichtiger ist es, eine Arbeit auszuüben, die dir voll und ganz entspricht. Bei der du die ganze Fülle deines Potenzials und deines reichen Innenlebens nicht begrenzen und verschließen musst, sondern im Gegenteil, alles frei ausdrücken und leben kannst. Und auch wenn es mal stressig sein sollte, dann ist das eher positiver Stress, der sogenannte Eustress, der dich beflügelt und über dich hinauswachsen lässt.

Deswegen streich alles, was du bislang Negatives über dich und deine Leistungsfähigkeit gedacht hast. Das lag mehr an den Umständen als an dir. Gib dir eine ganz neue Chance, dich vor dir selbst zu beweisen und zu erkennen, was alles in dir steckt.

Sinnhaftigkeit

Ich habe mich schon öfter gefragt, wieso uns Hochsensiblen der Sinn in unserem Tun so wichtig ist.

Aber was ist Sinn überhaupt? Ich denke, die meisten Menschen würden darauf etwas antworten wie: Anderen helfen, die Welt zu einem besseren Ort machen, sich um Schwächere kümmern, andere inspirieren, ihr Leben verschönern …

Ich denke, dass uns HSP der Sinn deshalb so wichtig ist, weil wir mehr als alle anderen spüren, dass wir deshalb auf der Welt sind. Nämlich, um unsere Stärken und Talente dazu nutzen, um anderen etwas zu geben. Einer Tätigkeit nachzugehen, die niemandem wirklich etwas bringt, wäre, wie ein Baum ohne Wurzeln zu sein.

Eine sinnvolle Beschäftigung verbindet uns mit unserer tiefsten inneren Quelle. Und sie lässt uns die Verbundenheit mit allen anderen spüren.

Ein weiterer Grund, der dafür spricht, dass wir hier sind, um ein sinnvolles Leben zu führen, ist, dass uns das richtig glücklich macht. Wir fühlen uns lebendig und echt und sind in unserer Kraft.

Es gibt unzählige Möglichkeiten eine sinnvolle Arbeit zu tun und auch in der einzigartigen Mischung deiner Fähigkeiten liegt mindestens ein Weg, diese sinnvoll zu leben und auszudrücken.

Weniger denken

Angeblich denken wir 60.000 Gedanken am Tag. Aber eigentlich denken wir nicht – wir werden gedacht. Unser Verstand, der uns eigentlich dienen soll, hat die Herrschaft übernommen und plappert pausenlos etwas in unserem Kopf.

Das Problem ist, dass wir uns mit diesen Gedanken identifizieren und sie für die Wirklichkeit halten. Dabei trägt ein großer Teil dieser Gedanken rein gar nichts Konstruktives zu unserer jeweiligen Lebenssituation bei. Im Gegenteil: Sie lähmen uns, konstruieren Ängste und ziehen unsere Aufmerksamkeit von der Gegenwart ab. Und genau das verstärkt bei dir als Hochsensibler das Gefühl des Überreiztseins.

Nun ist es nicht einfach, dieses Gedankengeplapper im Kopf leiser zu drehen. Meditation ist sicherlich eine von vielen Entspannungsmöglichkeiten. Hilfreich ist es auch, zu versuchen, mit seiner Aufmerksamkeit immer in der Gegenwart zu bleiben.

Das Wichtigste ist aber, deine Gedanken nicht allzu ernst zu nehmen. Glaub ihnen nicht alles. Werde zum ruhigen Beobachter deiner Gedanken und entscheide bewusst, welchen du ernst nehmen und weiterdenken willst.

Wenn dich ganz konkrete Fragen und Problemstellungen beschäftigen, dann nimm dir jeden Tag eine Stunde Zeit, um dich genau darauf zu konzentrieren und nach Lösungen zu suchen. Dann ist es auch einfacher, das Thema für die restliche Zeit des Tages gedanklich ruhen zu lassen.

Vereinbarkeit von Beruf und Familie

Wenn du Kinder hast, dann ist die Gefahr, zu wenig Ruhe zu finden, besonders hoch. Aus meiner eigenen Erfahrung kann ich sagen, dass es hier wichtig ist, eine klare Trennung zwischen Privat- und Berufsleben zu ziehen, und zwar vor allem im Kopf.

Lass deine Arbeit vollständig los, wenn du mit deinen Kindern zusammen bist und wenn du arbeitest, dann konzentrier dich ausschließlich darauf. Denn über etwas nachzudenken, was man in dem Moment eh nicht ändern kann, kostet viel Kraft und verhindert, innerlich zur Ruhe zu kommen.

Du wirst nie allem vollständig gerecht werden und es wäre sehr unfair dir selbst gegenüber, das von dir zu erwarten. Zu versuchen, beides zu 100 Prozent perfekt zu machen, daran kann man nur scheitern. Und vor allem bleibst du dabei auf der Strecke.

Es ist wichtig, dass du dein Ruhe- und Rückzugsbedürfnis ernst nimmst und durchsetzt. „Man braucht ein ganzes Dorf, um ein Kind zu erziehen“, lautet ein afrikanisches Sprichwort. Nimm also jede Unterstützung an, die du haben kannst.

Lebe deinen Kindern vor, wie man seine eigenen Bedürfnisse erkennt und ernst nimmt und gut für sich selbst sorgt. Sie werden davon für ihr eigenes späteres Leben profitieren, erst recht, wenn sie auch hochsensibel sind.

Selbstmotivation (ohne Tschakka)

Wenn du mal auf gar nichts Lust hast und dich nur schwer zum Arbeiten aufraffen kannst, obwohl du dringend dieses und jenes erledigen müsstest, dann nimm als erstes unbedingt den Druck raus. Denn gerade dieser Druck verhindert, dass wir unsere Freude an unserer Arbeit (auch wenn die gerade etwas gedimmt ist) überhaupt spüren können. Müssen überdeckt Wollen.

Es ist in Ordnung, sich gerade erschöpft und lustlos zu fühlen und höchstwahrscheinlich hat es auch seine Berechtigung. Sei es, weil du in den Tagen davor sehr viel gearbeitet hast oder weil gerade nichts so richtig klappt, wie es sollte oder weil es der fünfte Regentag in Folge ist. Wie auch immer: Erlaube dir, dich so zu fühlen, wie du dich gerade fühlst. Es ist absolut in Ordnung.

Spür in dich hinein, welche Tätigkeit dir heute Freude machen würde oder was dir ein kleines Erfolgserlebnis verschaffen könnte und mach das. Oder versuch etwas völlig neu zu denken. Bist du sicher, dass du etwas Bestimmtes überhaupt machen musst? Falls ja, wie kannst du es machen, damit du es nicht „hinter dich bringst", sondern so, dass es dir Freude macht?

Ängste und Zweifel

Die Selbständigkeit ist nie ein gerader und einfacher Weg. Es gibt immer wieder Unsicherheiten, Zweifel und (vermeintliche) Rückschritte.

Man hat den Eindruck, dass es bei allen anderen einfacher und glatter läuft, dabei sieht man von außen ja nur die Fassade. Und wenn es gerade einmal nicht so gut läuft, dann machen sich schnell Ängste und Zweifel breit.

Als HSP hast du eine blühende Phantasie. Das ist wundervoll und ein großes Geschenk. Diese Phantasie kann aber leider auch ins Negative abgleiten. Dann erscheinen vor deinem inneren Auge die schlimmstmöglichen Szenarien, und zwar in allen Details.

Diese Ängste haben meist mit der Wirklichkeit rein gar nichts zu tun. Jemand, der in einer vergleichbaren Lage wäre, aber etwas „phantasieloser", macht sich vielleicht überhaupt keinen Kopf oder streift das nur kurz gedanklich oder ärgert sich über andere, denen er die Schuld daran gibt.

Ebenso ist es mit den Zweifeln. Ich denke, der gesunde Sinn von Zweifeln ist der, durchlässig für die Meinung und Argumente anderer zu sein. Wenn kein Mensch Zweifel hätte, dann wären wir alle ziemlich selbstgerecht und würden uns kaum weiterentwickeln. Insofern haben Zweifel ganz grundsätzlich schon eine Berechtigung, aber auch hier geht es darum, ein gesundes Maß zu finden.

In unserer Welt ist es üblich, alles Negative und Unangenehme wegzustoßen und auszugliedern. Das gewohnte Verhalten bei unangenehmen Gefühlen ist also, sie loswerden zu wollen.

Das ist absolut menschlich und nachvollziehbar, meiner Ansicht und Erfahrung nach aber wenig effektiv. Im besten Fall gelingt es kurzzeitig, etwas zu verdrängen, aber es ist nur eine Frage der Zeit, bis es wiederkommt.

Der nachhaltige und heilsame Weg damit umzugehen, ist die Annahme. Stell dir vor, wie du deine Ängste und Zweifel umarmst, wie zwei erschrockene Kinder, die zu weit weggelaufen sind und sich verirrt haben. Damit stellst du auch gleich klar, dass du viel größer bist als sie.

Die Annahme ist deshalb so wichtig, weil du sie damit zu einem Raum in deinem Haus machst. Ansonsten schiebst du sie ja von dir weg und damit kannst du auch nicht mehr auf sie einwirken.

Wenn du sie allerdings als einen Teil von dir betrachtest, kannst du dich konstruktiv mit ihnen auseinandersetzen. Frage sie, wieso sie da sind und wovor sie dich schützen wollen? Tritt in Dialog mit ihnen und folge deinem inneren Gespür in dieser Auseinandersetzung. Das ist der Weg zur Heilung.

Einfach machen statt Perfektion suchen

Hochsensible Menschen sind sehr gewissenhaft. Sie arbeiten sehr genau und mit viel Detailliebe. Und das ist auch schön und macht ihre Arbeit erst rund und persönlich. Es besteht allerdings die Gefahr, sich durch einen zu hohen Perfektionsanspruch unter Druck zu setzen.

Mach dir bewusst, dass es gar nicht möglich ist, immer alles richtig zu machen. Schieb den Regler etwas runter. Etwas gut machen ist völlig ausreichend, es muss nicht sehr gut oder perfekt sein, zumal ein Außenstehender den Unterschied vielleicht gar nicht erkennen würde.

Außerdem kann auch etwas Unperfektes oder Misslungenes zu etwas Gutem führen. Kein Tun und kein Ereignis steht für sich alleine und ist isoliert von den vorhergehenden und nachfolgenden.

Also, mach einfach drauflos, nach bestem Wissen und Gewissen. Ich bin mir sicher, dass es eine Menge Menschen da draußen gibt, die tolle Ideen und Konzepte haben, sie aber nicht verwirklichen, weil sie denken, es müsse erst alles perfekt sein, bevor sie damit hinaus in die Welt gehen können.

Vieles kann man aber erst im Tun lernen und begreifen. Und dann kann man immer wieder nachjustieren. Diese Methode ist um ein Vielfaches erfolgversprechender als jeder Perfektionsanspruch.

On- und Offlinezeiten

Ich kenne Hochsensible, die nur selten und wenn absolut nötig online sind. Sie sind immer wieder tagelang komplett offline, weil sie sich durch die Fülle an Informationen überrannt fühlen.

Bei mir ist es wiederum so, dass ich häufig online bin, auch die sozialen Netzwerke gerne nutze und immer wieder viel zu viele Tabs offen habe, weil ich so neugierig bin und mich von einem Thema zum nächsten klicke.

Ich kenne aber natürlich auch den tiefen Erholungswert von Offline-Tagen und lege sie auch immer wieder bewusst ein. Vor allem, wenn ich mehrere Termine an einem Tag habe, versuche ich, mein Notebook zuzulassen.

Ich denke, dass es keine allgemeingültigen Tipps geben kann, wie häufig oder selten man online sein sollte. Zur Orientierung hilft eher die Frage, ob es einem gerade etwas gibt oder Energie raubt.

Ich kann manchmal beim ziellosen Rumsurfen gut entspannen, so wie beim Zappen früher. An anderen Tagen wiederum habe ich das Gefühl, dass es mich nur von mir selbst wegzieht oder dass ich mich gegen all die Informationen nicht gut abgrenzen kann. Dann lese ich lieber ein Buch.

Achte mal darauf, wie das bei dir ist.

Erfolg

Erfolg bedeutet für jeden etwas anderes. Das liegt schlicht daran, dass die Menschen eben sehr verschieden sind. Ich denke aber, dass es eine Formel gibt, die Allgemeingültigkeit hat: Erfolg ist, wenn das äußere Leben dem inneren entspricht.

Wenn beispielsweise jemand das Potenzial und den Wunsch verspürt, vor vielen Menschen zu sprechen und sie zu begeistern, wird er sich sehr schwer mit einer Arbeit tun, für die er eher aus dem Hintergrund arbeitet und wirkt. Oder wenn es jemand liebt und braucht, täglich stundenlang in der Natur zu sein und mit seinen Händen zu arbeiten, kann er sich nicht in einem Bürojob verwirklichen.

Man liest immer wieder mal von Kindern großer Unternehmensdynastien, die sich sehr schwer damit tun, in diesem vorgezeichneten Weg Erfolg zu haben. Vielleicht stimmen ja sogar die Zahlen, aber damit wäre Erfolg auf den oberflächlichen Blick von außen reduziert. Dabei kann die Wurzel des Erfolges nur in uns selbst liegen.

Dem eigenen Naturell, den eigenen Anlagen zu folgen, ist die wichtigste Basis, um erfolgreich sein zu können. Dieser Punkt ist nicht verhandelbar.

Geld damit zu verdienen, ist natürlich auch nicht unerheblich, um von Erfolg sprechen zu können. Denn sonst wäre unsere Arbeit nur ein zeitaufwendiges Hobby.

Also, der eigentliche und grundsätzliche Erfolg ist, Geld zu verdienen mit dem, was man richtig gerne tut, was einem voll und ganz entspricht. Wenn man das geschafft hat, ist Erfolg nicht ein gelegentliches Highlight, ein Erfolgserlebnis, sondern ein Grundgefühl.

Achte dennoch auf deine Erfolgserlebnisse, auch auf die Kleinen. Wir vergessen so schnell, was wir gerade geschafft haben und blicken schon wieder auf den nächsten Berg, der zu bewältigen ist.

Halte immer wieder inne, wenn dir etwas gelungen ist. Erinnere dich, was du alles in Gang gesetzt hast, damit es gelingt. Sei stolz auf dich. Triff dich mit Freunden und stoß darauf an. Oder gönn dir etwas, zum Beispiel eine Städtereise am Wochenende. Wenn du deine Erfolgserlebnisse zelebrierst, im Großen und im Kleinen, dann werden sie dir auch viel stärker in Erinnerung bleiben und auch deinen zukünftigen Weg heller ausleuchten.

Geld

Jeder von uns ist durch Glaubenssätze zum Thema Geld geprägt worden. Wenn man Glück hat, sind diese positiv und unterstützend auf dem Weg zum Einkommen mit der eigenen Berufung. Bei vielen sind diese Glaubenssätze leider eher negativer und hinderlicher Natur: „Geld kann nur mit harter oder fremdbestimmter Arbeit verdient werden“ oder „Geld macht nicht glücklich“.

Stell dir mal Folgendes vor: Du tust jeden Tag, was du liebst und das Geld dafür fließt mit Leichtigkeit zu dir. Du erfährst viel Anerkennung für deine Arbeit und bist auch finanziell unabhängig. Du kannst dir schöne Urlaube leisten oder was auch immer dir wichtig ist.

Kannst du uneingeschränkt Ja dazu sagen? Fühlst du dich frei und leicht bei dieser Vorstellung? Oder spürst du innere Haken und Widerstände? Wenn ja, fühle ihnen nach. Wäre es zu schön, um wahr zu sein? Hatten es deine Eltern sehr viel schwerer und es käme dir wie Verrat vor, es so leicht zu haben? Erscheint dir die Freiheit und damit einhergehende Selbstverantwortung bedrohlich?

Nimm dir die Zeit, dich dem Thema ausführlich zu widmen. Schreibe dir auf, wie dein berufliches Wunschleben konkret aussehen soll und spüre inneren Widerständen nach. Wenn du sie nicht auflöst, werden sie dir immer wieder im Außen begegnen.

Bei Hochsensiblen kommt noch ein weiterer Aspekt hinzu. Durch ihr starkes Einfühlungsvermögen ist auch ihr Gerechtigkeitsempfinden sehr ausgeprägt. Das kann zu der Frage führen, womit sie es denn verdient haben, dass es ihnen so gut geht, wenn es anderen doch so schlecht geht.

Wenn du dieses Empfinden auch hast, dann mach dir bewusst, dass es die Welt kein bisschen besser oder gerechter macht, wenn es dir auch schlecht geht. Unsere Welt ist voller Polarität, von elender Armut bis hin zu unermesslichem Reichtum, von Glückspilzen und Pechvögeln, von Gesundheit und Krankheit. Wenn du anderen Menschen, die ärmer und schwächer sind, helfen möchtest, dann kannst du das nur aus deiner eigenen Stärke heraus tun.

Außerdem kannst du dir überlegen, ob du vielleicht einen sozialen Aspekt in deine Arbeit einbauen willst. Wenn du Coach bist, könntest du zum Beispiel eine monatliche Coachingstunde an jemanden verschenken, der sie braucht, sie sich aber nicht leisten kann. Oder wenn du etwas verkaufst, könntest du einen kleinen Teil zum Einkaufspreis an Bedürftige spenden.

Du bist auf dieser Welt, um dich zu entfalten. Deine Talente und Begabungen sind da, um ausgedrückt und gelebt zu werden. Und nur aus deiner Stärke heraus kannst du mithelfen, die Welt zu einem besseren Ort zu machen.

Preisgestaltung

Was du kannst und was du gibst, hast du dir jahrelang erarbeitet. Die fachliche Fähigkeit, deine Lebenserfahrung, den Umgang mit dir und anderen. Das spielt alles mit rein in dein Angebot.

Deswegen hat das, was du anbietest, einen Wert, und zwar keinen geringen. Du arbeitest mit Liebe und Herzblut und hängst dich richtig rein. Deswegen habe keine Scheu, deinen Wert in konkreten Zahlen zu benennen. Du willst ja auch die Leute anziehen, die deinen Wert erkennen und schätzen.

Außerdem wirst du auch viel motivierter und engagierter arbeiten, wenn du dich auch gut bezahlt fühlst. Stell dir mal vor, du würdest nur die Hälfte dessen kriegen, was deine Arbeit in deinen Augen wert ist? Da wäre es dir kaum möglich, mit ganzem Herzen und Engagement bei der Sache zu sein. Somit profitieren alle Beteiligten von dem für dich stimmigen Preis.

Deine Preise zeigen auch, wie ernst du deine Arbeit selbst nimmst. Wenn jemand einen sehr niedrigen Preis für sein Angebot ansetzt, würde ich nie denken können, dass er sich selbst für exzellent hält.

Sei selbstbewusst in deiner Preisgestaltung, denn darin vermittelst du allen und vor allem auch dir selbst, dass du weißt, was du tust und dich darin auch selbst wertschätzt.

Einfach statt kompliziert

Ich kenne kaum jemanden, der denkt, dass das Leben einfach sein kann. Die meisten Menschen fühlen sich in unzähligen Verpflichtungen verstrickt, privat wie beruflich. Wie ein lähmendes Netz spannt sich das Klein-klein des Lebens über die Menschen und alle denken, das ist eben so. Das Leben ist so.

Ist es nicht. Ich habe vor einer ganzen Weile schon begonnen, minimalistisch zu leben und das hat zu einer enormen Erleichterung in allen Lebensbereichen geführt. Wenn man genau weiß, was man besitzt, weil der Besitz einfach und überschaubar ist, fühlt sich das Leben plötzlich wahnsinnig klar und übersichtlich an.

Und dasselbe gilt auch für die Arbeit: Vereinfache die Dinge, wo es nur geht. Halte die Abläufe simpel und überschaubar. Nimm dir nicht mehr vor, als du schaffen kannst, eher weniger. Lies und beantworte deine Mails nur ein- bis zweimal am Tag.

Als HSP bist du immer auf Empfang und es dringen ständig neue Impulse und Ideen zu dir durch. Kauf dir ein schönes Notizbuch oder nutze die Apps, die es da gibt, in denen du alles sammelst. Dann sind deine Ideen und Gedanken alle an einem Ort und fliegen nicht als Gedankenfetzen um dich herum.

Und wenn dir gerade mal alles sehr kompliziert und verworren vorkommt, dann stell dir nur zwei Fragen: Was will ich? Und wie erreiche ich es? Nur diese beiden Fragen. Schreib dir die Antworten präzise auf, vor allem die zweite. Und dann führ genau das aus, was du auf die zweite Frage geantwortet hast.

Es gibt Zeiten, in denen alles drunter und drüber geht, aber versuch immer wieder in diese Klarheit und Einfachheit zurückzufinden, innerlich wie äußerlich. Denn darin liegt die Ruhe.

Langfristigkeit oder Das innerer Bild

Dass ich zum Thema Langfristigkeit etwas schreibe, darüber muss ich selbst gerade schmunzeln, weil ich erklärtermaßen von Jahreszeit zu Jahreszeit lebe. Langfristig denken oder planen ist wahrlich nicht meine Stärke.

Aber auch wenn man, so wie ich, eher kurzfristig plant, gibt es so etwas, wie ein unbewusstes inneres (Wunsch-) Bild, das man von sich selbst in der weiteren Zukunft hat.

Bei mir ist es unter anderem das Bild, dass meine Arbeit ortsunabhängig ist. Auch wenn ich noch keine konkreten Auswanderungspläne habe, so schleicht sich doch immer wieder dieses Bild bei mir ein.

Noch wichtiger ist mir, dass ich immer Sinn und Leichtigkeit in meinem Tun finde. Dann kann ich sogar richtig weit denken und sehe mich noch mit 70 Jahren in schöner Umgebung an meinem Notebook sitzen und keinen Gedanken daran zu haben, beruflich kürzer treten zu wollen.

Dieses innere Bild von unserer Zukunft tragen wir alle in uns, bewusst oder unbewusst. Sieh dir deines mal genauer an. Und wenn es dir nicht gefällt oder nicht mehr entspricht, weil es aus alten Konditionierungen entstanden ist, dann nimm dir unbedingt die Zeit, ein neues und dir entsprechendes Bild zu finden.

Schreib es dir so detailliert wie möglich auf. Wo und wie lebst du? Wie sieht dein Alltag aus? Was gibt dir

Sinn und Freude? Wodurch fließt Geld mit Leichtigkeit zu dir?

Du kannst dir alles ausmalen, wie es dir gefällt. Dieses innere Bild ist meiner Ansicht nach sehr wichtig. Zum einen hilft es uns, Durststrecken auch als solche zu erkennen und durchzuhalten. Zum anderen wirst du die unzähligen großen und kleinen Entscheidungen, die du in Zukunft treffen wirst, auf dieses innere Bild ausrichten.

Du kannst es natürlich auch jederzeit verändern und anpassen.

Positive Affirmationen

Spüre beim Lesen in dich hinein, welche der folgenden Affirmationen dich am stärksten berühren und dir am meisten entsprechen. Schreibe sie dir auf und lies sie immer wieder durch. Oder häng sie irgendwohin, wo du sie oft siehst. Auch wenn du sie nicht jedes Mal bewusst durchliest, dein Unterbewusstsein wird sie registrieren.

Ich bin genau richtig, so wie ich bin und durch die Annahme dessen, öffnen sich mir alle Wege zu meiner erfolgreichen Berufung.

Ich bin liebevoll zu mir selbst und gestalte meine Arbeit mit viel Liebe.

Ich erschaffe mein berufliches Leben ganz so, wie es mir entspricht.

Geld fließt mit Leichtigkeit zu mir.

Ich ziehe die Menschen in mein Leben, die mich auf meinem Weg unterstützen und weiterbringen.

Ich verdiene viel Geld, weil ich die Dinge tue, die ich liebe.

Ich habe viel zu geben und werde selbst vom Leben reich beschenkt.

Ich erschaffe in meinem Leben die Umstände, die es mir ermöglichen, mich voll und ganz zu entfalten.

Ich verdiene es, erfolgreich und glücklich zu sein.

Ich manifestiere mein reiches Innenleben erfolgreich im Außen.

Je erfolgreicher ich bin, umso mehr kann ich anderen auch etwas geben.

Ich kenne und schätze meinen Wert und lasse andere daran teilhaben.

Ich bin mit der grenzenlosen Fülle des Universums verbunden.

Ich erlaube mir, alle meine beruflichen Träume Wirklichkeit werden zu lassen.

Abschließende Worte

Ich wünsche dir von Herzen, dass du deinen Weg findest, ihn gehst und damit viel Erfolg hast! Abschließen möchte ich mit diesen wunderschönen Zeilen von Marianne Williamson aus *Die Rückkehr zur Liebe*. Nelson Mandela hat sie in seiner Antrittsrede zum Präsidenten von Südafrika im Jahre 1994 zitiert und damit weltweit bekannt gemacht.

Unsere größte Angst

Unsere größte Angst ist nicht, unzulänglich zu sein.

Unsere größte Angst ist, grenzenlos mächtig zu sein.

Unser Licht, nicht unsere Dunkelheit,
ängstigt uns am meisten.

Wir fragen uns: Wer bin ich denn, dass ich so brillant sein soll?

Aber wer bist du, es nicht zu sein?

Du bist ein Kind Gottes.

Es dient der Welt nicht, wenn du dich klein machst.
Sich klein zu machen, nur damit sich andere um dich herum nicht unsicher fühlen, hat nichts Erleuchtetes.

Wir wurden geboren, um die Herrlichkeit Gottes,
der in uns ist, zu manifestieren.

Er ist nicht nur in einigen von uns, er ist in jedem einzelnen.

Und wenn wir unser Licht scheinen lassen,
geben wir damit unbewusst anderen die Erlaubnis,
es auch zu tun.

Wenn wir von unserer eigenen Angst befreit sind,
befreit unsere Gegenwart automatisch die anderen.

Printed in Poland
by Amazon Fulfillment
Poland Sp. z o.o., Wrocław

51564905R00038